80222736R00058

Made in the USA
San Bernardino, CA
25 June 2018